Dieses Buch gehören zu:

....

....

🏠 Name :
....

🌐 Website-Adresse :
....

👤 Nutzername :
....

🔒 Passwort :
....

💬 Anmerkungen :
....

....

🏠 Name :
....

🌐 Website-Adresse :
....

👤 Nutzername :
....

🔒 Passwort :
....

💬 Anmerkungen :
....

....

🏠 Name :
....

🌐 Website-Adresse :
....

👤 Nutzername :
....

🔒 Passwort :
....

💬 Anmerkungen :
....

....

🏠 Name :

🌐 Website-Adresse :

👤 Nutzername :

🔒 Passwort :

💬 Anmerkungen :

🏠 Name :

🌐 Website-Adresse :

👤 Nutzername :

🔒 Passwort :

💬 Anmerkungen :

🏠 Name :

🌐 Website-Adresse :

👤 Nutzername :

🔒 Passwort :

💬 Anmerkungen :

🏠 Name :
....

🌐 Website-Adresse :
....

👤 Nutzername :
....

🔒 Passwort :
....

💬 Anmerkungen :
....

....

🏠 Name :
....

🌐 Website-Adresse :
....

👤 Nutzername :
....

🔒 Passwort :
....

💬 Anmerkungen :
....

....

🏠 Name :
....

🌐 Website-Adresse :
....

👤 Nutzername :
....

🔒 Passwort :
....

💬 Anmerkungen :
....

....

🏠 Name :
....

🌐 Website-Adresse :
....

👤 Nutzername :
....

🔒 Passwort :
....

💬 Anmerkungen :
....
....

⬥━━━━━━━━━━━━⟫⟨⟨━━━━━━━━━⬥

🏠 Name :
....

🌐 Website-Adresse :
....

👤 Nutzername :
....

🔒 Passwort :
....

💬 Anmerkungen :
....
....

⬥━━━━━━━━━━━━⟫⟨⟨━━━━━━━━━⬥

🏠 Name :
....

🌐 Website-Adresse :
....

👤 Nutzername :
....

🔒 Passwort :
....

💬 Anmerkungen :
....
....

🏠 Name :

....

🌐 Website-Adresse :

....

👤 Nutzername :

....

🔒 Passwort :

....

💬 Anmerkungen :

....

....

━━━━━◆━━━◦●━━━━━━➤◗◖━━━━━━━━━●◦━━◆━━━━━

🏠 Name :

....

🌐 Website-Adresse :

....

👤 Nutzername :

....

🔒 Passwort :

....

💬 Anmerkungen :

....

....

━━━━━◆━━━◦●━━━━━━➤◗◖━━━━━━━━━●◦━━◆━━━━━

🏠 Name :

....

🌐 Website-Adresse :

....

👤 Nutzername :

....

🔒 Passwort :

....

💬 Anmerkungen :

....

....

🏠 Name :
....

🌐 Website-Adresse :
....

👤 Nutzername :
....

🔒 Passwort :
....

💬 Anmerkungen :
....

....

───────────◆✦◆───────────

🏠 Name :
....

🌐 Website-Adresse :
....

👤 Nutzername :
....

🔒 Passwort :
....

💬 Anmerkungen :
....

....

───────────◆✦◆───────────

🏠 Name :
....

🌐 Website-Adresse :
....

👤 Nutzername :
....

🔒 Passwort :
....

💬 Anmerkungen :
....

....

🏠 Name :

🌐 Website-Adresse :

👤 Nutzername :

🔒 Passwort :

💬 Anmerkungen :

🏠 Name :

🌐 Website-Adresse :

👤 Nutzername :

🔒 Passwort :

💬 Anmerkungen :

🏠 Name :

🌐 Website-Adresse :

👤 Nutzername :

🔒 Passwort :

💬 Anmerkungen :

🏠 Name :
....

🌐 Website-Adresse :
....

👤 Nutzername :
....

🔒 Passwort :
....

💬 Anmerkungen :
....

....

🏠 Name :
....

🌐 Website-Adresse :
....

👤 Nutzername :
....

🔒 Passwort :
....

💬 Anmerkungen :
....

....

🏠 Name :
....

🌐 Website-Adresse :
....

👤 Nutzername :
....

🔒 Passwort :
....

💬 Anmerkungen :
....

....

🏠 Name :

....

🌐 Website-Adresse :

....

👤 Nutzername :

....

🔒 Passwort :

....

💬 Anmerkungen :

....

....

◆───────────────⟫✕⟪───────────────◆

🏠 Name :

....

🌐 Website-Adresse :

....

👤 Nutzername :

....

🔒 Passwort :

....

💬 Anmerkungen :

....

....

◆───────────────⟫✕⟪───────────────◆

🏠 Name :

....

🌐 Website-Adresse :

....

👤 Nutzername :

....

🔒 Passwort :

....

💬 Anmerkungen :

....

....

🏠 Name :
....

🌐 Website-Adresse :
....

👤 Nutzername :
....

🔒 Passwort :
....

💬 Anmerkungen :
....

....

———————————————————————————

🏠 Name :
....

🌐 Website-Adresse :
....

👤 Nutzername :
....

🔒 Passwort :
....

💬 Anmerkungen :
....

....

———————————————————————————

🏠 Name :
....

🌐 Website-Adresse :
....

👤 Nutzername :
....

🔒 Passwort :
....

💬 Anmerkungen :
....

....

🏠 Name :

🌐 Website-Adresse :

👤 Nutzername :

🔒 Passwort :

💬 Anmerkungen :

🏠 Name :

🌐 Website-Adresse :

👤 Nutzername :

🔒 Passwort :

💬 Anmerkungen :

🏠 Name :

🌐 Website-Adresse :

👤 Nutzername :

🔒 Passwort :

💬 Anmerkungen :

🏠 Name :
....

🌐 Website-Adresse :
....

👤 Nutzername :
....

🔒 Passwort :
....

💬 Anmerkungen :
....

....

———————————————◆◆◈◆◆———————————————

🏠 Name :
....

🌐 Website-Adresse :
....

👤 Nutzername :
....

🔒 Passwort :
....

💬 Anmerkungen :
....

....

———————————————◆◆◈◆◆———————————————

🏠 Name :
....

🌐 Website-Adresse :
....

👤 Nutzername :
....

🔒 Passwort :
....

💬 Anmerkungen :
....

....

🏠 Name :

....

🌐 Website-Adresse :

....

👤 Nutzername :

....

🔒 Passwort :

....

💬 Anmerkungen :

....

....

◆◄◄••───────────»❯❮«───────────••►►◆

🏠 Name :

....

🌐 Website-Adresse :

....

👤 Nutzername :

....

🔒 Passwort :

....

💬 Anmerkungen :

....

....

◆◄◄••───────────»❯❮«───────────••►►◆

🏠 Name :

....

🌐 Website-Adresse :

....

👤 Nutzername :

....

🔒 Passwort :

....

💬 Anmerkungen :

....

....

🏠 Name :

....

🌐 Website-Adresse :

....

👤 Nutzername :

....

🔒 Passwort :

....

💬 Anmerkungen :

....

....

———————————◆——————————◆——————————

🏠 Name :

....

🌐 Website-Adresse :

....

👤 Nutzername :

....

🔒 Passwort :

....

💬 Anmerkungen :

....

....

———————————◆——————————◆——————————

🏠 Name :

....

🌐 Website-Adresse :

....

👤 Nutzername :

....

🔒 Passwort :

....

💬 Anmerkungen :

....

....

🏠 Name :
....

🌐 Website-Adresse :
....

👤 Nutzername :
....

🔒 Passwort :
....

💬 Anmerkungen :
....

....

◄━━━━━━━━━━━━━━━━━━━━━━━━━━►

🏠 Name :
....

🌐 Website-Adresse :
....

👤 Nutzername :
....

🔒 Passwort :
....

💬 Anmerkungen :
....

....

◄━━━━━━━━━━━━━━━━━━━━━━━━━━►

🏠 Name :
....

🌐 Website-Adresse :
....

👤 Nutzername :
....

🔒 Passwort :
....

💬 Anmerkungen :
....

....

🏠 Name :

....

🌐 Website-Adresse :

....

👤 Nutzername :

....

🔒 Passwort :

....

💬 Anmerkungen :

....

....

🏠 Name :

....

🌐 Website-Adresse :

....

👤 Nutzername :

....

🔒 Passwort :

....

💬 Anmerkungen :

....

....

🏠 Name :

....

🌐 Website-Adresse :

....

👤 Nutzername :

....

🔒 Passwort :

....

💬 Anmerkungen :

....

....

🏠 Name :

🌐 Website-Adresse :

👤 Nutzername :

🔒 Passwort :

💬 Anmerkungen :

🏠 Name :

🌐 Website-Adresse :

👤 Nutzername :

🔒 Passwort :

💬 Anmerkungen :

🏠 Name :

🌐 Website-Adresse :

👤 Nutzername :

🔒 Passwort :

💬 Anmerkungen :

🏠 Name :
....

🌐 Website-Adresse :
....

👤 Nutzername :
....

🔒 Passwort :
....

💬 Anmerkungen :
....

....

◆━◂◂•━●━━━━━━━━━━━━━━➤➤◯◅◅━━━━━━━━━━━━━●━◂●━◂◂●◆

🏠 Name :
....

🌐 Website-Adresse :
....

👤 Nutzername :
....

🔒 Passwort :
....

💬 Anmerkungen :
....

....

◆━◂◂•━●━━━━━━━━━━━━━━➤➤◯◅◅━━━━━━━━━━━━━●━◂●━◂◂●◆

🏠 Name :
....

🌐 Website-Adresse :
....

👤 Nutzername :
....

🔒 Passwort :
....

💬 Anmerkungen :
....

....

🏠 Name :

....

🌐 Website-Adresse :

....

👤 Nutzername :

....

🔒 Passwort :

....

💬 Anmerkungen :

....

....

━━━━━◆◄◄••━━━━━━━━⇥⟩◯⟨⇤━━━━━━━━••►►◆━━━━━

🏠 Name :

....

🌐 Website-Adresse :

....

👤 Nutzername :

....

🔒 Passwort :

....

💬 Anmerkungen :

....

....

━━━━━◆◄◄••━━━━━━━━⇥⟩◯⟨⇤━━━━━━━━••►►◆━━━━━

🏠 Name :

....

🌐 Website-Adresse :

....

👤 Nutzername :

....

🔒 Passwort :

....

💬 Anmerkungen :

....

....

🏠 Name :

🌐 Website-Adresse :

👤 Nutzername :

🔒 Passwort :

💬 Anmerkungen :

🏠 Name :

🌐 Website-Adresse :

👤 Nutzername :

🔒 Passwort :

💬 Anmerkungen :

🏠 Name :

🌐 Website-Adresse :

👤 Nutzername :

🔒 Passwort :

💬 Anmerkungen :

🏠 Name :

....

🌐 Website-Adresse :

....

👤 Nutzername :

....

🔒 Passwort :

....

💬 Anmerkungen :

....

....

━━━◆◀◀◀•●━━━━━━━➤➤)(◀◀━━━━━━━•●•◆━━

🏠 Name :

....

🌐 Website-Adresse :

....

👤 Nutzername :

....

🔒 Passwort :

....

💬 Anmerkungen :

....

....

━━━◆◀◀◀•●━━━━━━━➤➤)(◀◀━━━━━━━•●•◆━━

🏠 Name :

....

🌐 Website-Adresse :

....

👤 Nutzername :

....

🔒 Passwort :

....

💬 Anmerkungen :

....

....

🏠 Name :

🌐 Website-Adresse :

👤 Nutzername :

🔒 Passwort :

💬 Anmerkungen :

🏠 Name :

🌐 Website-Adresse :

👤 Nutzername :

🔒 Passwort :

💬 Anmerkungen :

🏠 Name :

🌐 Website-Adresse :

👤 Nutzername :

🔒 Passwort :

💬 Anmerkungen :

🏠 Name :

....

🌐 Website-Adresse :

....

👤 Nutzername :

....

🔒 Passwort :

....

💬 Anmerkungen :

....

....

◆—⊷••—⊷——————→→)(←←——————•••—⊶◆

🏠 Name :

....

🌐 Website-Adresse :

....

👤 Nutzername :

....

🔒 Passwort :

....

💬 Anmerkungen :

....

....

◆—⊷••—⊷——————→→)(←←——————•••—⊶◆

🏠 Name :

....

🌐 Website-Adresse :

....

👤 Nutzername :

....

🔒 Passwort :

....

💬 Anmerkungen :

....

....

🏠 Name :

🌐 Website-Adresse :

👤 Nutzername :

🔒 Passwort :

💬 Anmerkungen :

🏠 Name :

🌐 Website-Adresse :

👤 Nutzername :

🔒 Passwort :

💬 Anmerkungen :

🏠 Name :

🌐 Website-Adresse :

👤 Nutzername :

🔒 Passwort :

💬 Anmerkungen :

🏠 Name :

....

🌐 Website-Adresse :

....

👤 Nutzername :

....

🔒 Passwort :

....

💬 Anmerkungen :

....

....

◆━━━━━━━━━━━━━━━━━━━━━━━━━━━━━◆

🏠 Name :

....

🌐 Website-Adresse :

....

👤 Nutzername :

....

🔒 Passwort :

....

💬 Anmerkungen :

....

....

◆━━━━━━━━━━━━━━━━━━━━━━━━━━━━━◆

🏠 Name :

....

🌐 Website-Adresse :

....

👤 Nutzername :

....

🔒 Passwort :

....

💬 Anmerkungen :

....

....

🏠 Name :
....

🌐 Website-Adresse :
....

👤 Nutzername :
....

🔒 Passwort :
....

💬 Anmerkungen :
....

◆━◀◀━●●━━━━━━━━━━━➤➤〇€€━━━━━━━━━━━●━●━▶▶━◆

🏠 Name :
....

🌐 Website-Adresse :
....

👤 Nutzername :
....

🔒 Passwort :
....

💬 Anmerkungen :
....

◆━◀◀━●●━━━━━━━━━━━➤➤〇€€━━━━━━━━━━━●━●━▶▶━◆

🏠 Name :
....

🌐 Website-Adresse :
....

👤 Nutzername :
....

🔒 Passwort :
....

💬 Anmerkungen :
....

....

🏠 Name :
....

🌐 Website-Adresse :
....

👤 Nutzername :
....

🔒 Passwort :
....

💬 Anmerkungen :
....

....

◄◄◄••••━━━━━━━━━►►〇◄◄━━━━━━━━━••◄◄►

🏠 Name :
....

🌐 Website-Adresse :
....

👤 Nutzername :
....

🔒 Passwort :
....

💬 Anmerkungen :
....

....

◄◄◄••••━━━━━━━━━►►〇◄◄━━━━━━━━━••◄◄►

🏠 Name :
....

🌐 Website-Adresse :
....

👤 Nutzername :
....

🔒 Passwort :
....

💬 Anmerkungen :
....

....

Name :

Website-Adresse :

Nutzername :

Passwort :

Anmerkungen :

Name :

Website-Adresse :

Nutzername :

Passwort :

Anmerkungen :

Name :

Website-Adresse :

Nutzername :

Passwort :

Anmerkungen :

🏠 Name :

....

🌐 Website-Adresse :

....

👤 Nutzername :

....

🔒 Passwort :

....

💬 Anmerkungen :

....

....

◆—◀◀••—————————→→✕←←—————————••—▶◆

🏠 Name :

....

🌐 Website-Adresse :

....

👤 Nutzername :

....

🔒 Passwort :

....

💬 Anmerkungen :

....

....

◆—◀◀••—————————→→✕←←—————————••—▶◆

🏠 Name :

....

🌐 Website-Adresse :

....

👤 Nutzername :

....

🔒 Passwort :

....

💬 Anmerkungen :

....

....

🏠 Name :
....

🌐 Website-Adresse :
....

👤 Nutzername :
....

🔒 Passwort :
....

💬 Anmerkungen :
....

....

━━━━◆◆◆━━━━━━━━━━━━━━━━━━◆◆◆━━━━

🏠 Name :
....

🌐 Website-Adresse :
....

👤 Nutzername :
....

🔒 Passwort :
....

💬 Anmerkungen :
....

....

━━━━◆◆◆━━━━━━━━━━━━━━━━━━◆◆◆━━━━

🏠 Name :
....

🌐 Website-Adresse :
....

👤 Nutzername :
....

🔒 Passwort :
....

💬 Anmerkungen :
....

....

🏠 Name :

....

🌐 Website-Adresse :

....

👤 Nutzername :

....

🔒 Passwort :

....

💬 Anmerkungen :

....

....

🏠 Name :

....

🌐 Website-Adresse :

....

👤 Nutzername :

....

🔒 Passwort :

....

💬 Anmerkungen :

....

....

🏠 Name :

....

🌐 Website-Adresse :

....

👤 Nutzername :

....

🔒 Passwort :

....

💬 Anmerkungen :

....

....

🏠 Name : ....

🌐 Website-Adresse : ....

👤 Nutzername : ....

🔒 Passwort : ....

💬 Anmerkungen : ....

....

⬥⬤⬤⬤━━━━━➤◯◉◯◀━━━━━⬤⬤⬤⬥

🏠 Name : ....

🌐 Website-Adresse : ....

👤 Nutzername : ....

🔒 Passwort : ....

💬 Anmerkungen : ....

....

⬥⬤⬤⬤━━━━━➤◯◉◯◀━━━━━⬤⬤⬤⬥

🏠 Name : ....

🌐 Website-Adresse : ....

👤 Nutzername : ....

🔒 Passwort : ....

💬 Anmerkungen : ....

....

🏠 Name :

....

🌐 Website-Adresse :

....

👤 Nutzername :

....

🔒 Passwort :

....

💬 Anmerkungen :

....

....

◆—◄◄•••—————►►〇◄◄—————•••◄◄•—◄◆

🏠 Name :

....

🌐 Website-Adresse :

....

👤 Nutzername :

....

🔒 Passwort :

....

💬 Anmerkungen :

....

....

◆—◄◄•••—————►►〇◄◄—————•••—►►◆

🏠 Name :

....

🌐 Website-Adresse :

....

👤 Nutzername :

....

🔒 Passwort :

....

💬 Anmerkungen :

....

....

🏠 Name :
....

🌐 Website-Adresse :
....

👤 Nutzername :
....

🔒 Passwort :
....

💬 Anmerkungen :
....

....

🏠 Name :
....

🌐 Website-Adresse :
....

👤 Nutzername :
....

🔒 Passwort :
....

💬 Anmerkungen :
....

....

🏠 Name :
....

🌐 Website-Adresse :
....

👤 Nutzername :
....

🔒 Passwort :
....

💬 Anmerkungen :
....

....

🏠 Name :

....

🌐 Website-Adresse :

....

👤 Nutzername :

....

🔒 Passwort :

....

💬 Anmerkungen :

....

....

◆◄◄••————————————»»◯«————————————••◄►◆

🏠 Name :

....

🌐 Website-Adresse :

....

👤 Nutzername :

....

🔒 Passwort :

....

💬 Anmerkungen :

....

....

◆◄◄••————————————»»◯«————————————••►►◆

🏠 Name :

....

🌐 Website-Adresse :

....

👤 Nutzername :

....

🔒 Passwort :

....

💬 Anmerkungen :

....

....

🏠 Name :
....

🌐 Website-Adresse :
....

👤 Nutzername :
....

🔒 Passwort :
....

💬 Anmerkungen :
....

....

◆◄◄•—•————————————→→◯←←————————•—•►►◆

🏠 Name :
....

🌐 Website-Adresse :
....

👤 Nutzername :
....

🔒 Passwort :
....

💬 Anmerkungen :
....

....

◆◄◄•—•————————————→→◯←←————————•—•►►◆

🏠 Name :
....

🌐 Website-Adresse :
....

👤 Nutzername :
....

🔒 Passwort :
....

💬 Anmerkungen :
....

....

🏠 Name :

🌐 Website-Adresse :

👤 Nutzername :

🔒 Passwort :

💬 Anmerkungen :

🏠 Name :

🌐 Website-Adresse :

👤 Nutzername :

🔒 Passwort :

💬 Anmerkungen :

🏠 Name :

🌐 Website-Adresse :

👤 Nutzername :

🔒 Passwort :

💬 Anmerkungen :

🏠 Name :
....

🌐 Website-Adresse :
....

👤 Nutzername :
....

🔒 Passwort :
....

💬 Anmerkungen :
....

....

🏠 Name :
....

🌐 Website-Adresse :
....

👤 Nutzername :
....

🔒 Passwort :
....

💬 Anmerkungen :
....

....

🏠 Name :
....

🌐 Website-Adresse :
....

👤 Nutzername :
....

🔒 Passwort :
....

💬 Anmerkungen :
....

....

🏠 Name :

....

🌐 Website-Adresse :

....

👤 Nutzername :

....

🔒 Passwort :

....

💬 Anmerkungen :

....

....

━━━━━◆◄◄●●━━━━━━━━━━━━━►►)(◄◄━━━━━━━━━━●●◄◄◆━━━━━

🏠 Name :

....

🌐 Website-Adresse :

....

👤 Nutzername :

....

🔒 Passwort :

....

💬 Anmerkungen :

....

....

━━━━━◆◄◄●●━━━━━━━━━━━━━►►)(◄◄━━━━━━━━━━●●◄◄◆━━━━━

🏠 Name :

....

🌐 Website-Adresse :

....

👤 Nutzername :

....

🔒 Passwort :

....

💬 Anmerkungen :

....

....

🏠 Name :
....

🌐 Website-Adresse :
....

👤 Nutzername :
....

🔒 Passwort :
....

💬 Anmerkungen :
....

....

———◆◆••●————————⇒⟩〇⟨⇐————————●••◆◆———

🏠 Name :
....

🌐 Website-Adresse :
....

👤 Nutzername :
....

🔒 Passwort :
....

💬 Anmerkungen :
....

....

———◆◆••●————————⇒⟩〇⟨⇐————————●••◆◆———

🏠 Name :
....

🌐 Website-Adresse :
....

👤 Nutzername :
....

🔒 Passwort :
....

💬 Anmerkungen :
....

....

🏠 Name :

....

🌐 Website-Adresse :

....

👤 Nutzername :

....

🔒 Passwort :

....

💬 Anmerkungen :

....

....

◆◀◀◦•━━━━━━━⇶〇⇇━━━━━━━•◦▶▶◆

🏠 Name :

....

🌐 Website-Adresse :

....

👤 Nutzername :

....

🔒 Passwort :

....

💬 Anmerkungen :

....

....

◆◀◀◦•━━━━━━━⇶〇⇇━━━━━━━•◦▶▶◆

🏠 Name :

....

🌐 Website-Adresse :

....

👤 Nutzername :

....

🔒 Passwort :

....

💬 Anmerkungen :

....

....

🏠 Name :
....

🌐 Website-Adresse :
....

👤 Nutzername :
....

🔒 Passwort :
....

💬 Anmerkungen :
....

....

🏠 Name :
....

🌐 Website-Adresse :
....

👤 Nutzername :
....

🔒 Passwort :
....

💬 Anmerkungen :
....

🏠 Name :
....

🌐 Website-Adresse :
....

👤 Nutzername :
....

🔒 Passwort :
....

💬 Anmerkungen :
....

....

🏠 Name :

....

🌐 Website-Adresse :

....

👤 Nutzername :

....

🔒 Passwort :

....

💬 Anmerkungen :

....

....

❖─────────────────────❖

🏠 Name :

....

🌐 Website-Adresse :

....

👤 Nutzername :

....

🔒 Passwort :

....

💬 Anmerkungen :

....

....

❖─────────────────────❖

🏠 Name :

....

🌐 Website-Adresse :

....

👤 Nutzername :

....

🔒 Passwort :

....

💬 Anmerkungen :

....

....

🏠 Name :
....

🌐 Website-Adresse :
....

👤 Nutzername :
....

🔒 Passwort :
....

💬 Anmerkungen :
....

....

◆◄◄•●● ➤➤◯◄◄ •●●◄►◆

🏠 Name :
....

🌐 Website-Adresse :
....

👤 Nutzername :
....

🔒 Passwort :
....

💬 Anmerkungen :
....

....

◆◄◄•●● ➤➤◯◄◄ ●●◄►◆

🏠 Name :
....

🌐 Website-Adresse :
....

👤 Nutzername :
....

🔒 Passwort :
....

💬 Anmerkungen :
....

....

🏠 Name :

....

🌐 Website-Adresse :

....

👤 Nutzername :

....

🔒 Passwort :

....

💬 Anmerkungen :

....

....

🏠 Name :

....

🌐 Website-Adresse :

....

👤 Nutzername :

....

🔒 Passwort :

....

💬 Anmerkungen :

....

....

🏠 Name :

....

🌐 Website-Adresse :

....

👤 Nutzername :

....

🔒 Passwort :

....

💬 Anmerkungen :

....

....

🏠 Name :
....

🌐 Website-Adresse :
....

👤 Nutzername :
....

🔒 Passwort :
....

💬 Anmerkungen :
....

....

⬥━◄◄●●━━━━━━━━━━━━➤➤◯◄◄━━━━━━━━━━━●●◄◄━⬥

🏠 Name :
....

🌐 Website-Adresse :
....

👤 Nutzername :
....

🔒 Passwort :
....

💬 Anmerkungen :
....

....

⬥━◄◄●●━━━━━━━━━━━━➤➤◯◄◄━━━━━━━━━━━●●◄◄━⬥

🏠 Name :
....

🌐 Website-Adresse :
....

👤 Nutzername :
....

🔒 Passwort :
....

💬 Anmerkungen :
....

....

🏠 Name :

....

🌐 Website-Adresse :

....

👤 Nutzername :

....

🔒 Passwort :

....

💬 Anmerkungen :

....

....

◆◄◄••━━━━━━━━━━━━━━━━━►►○◄◄━━━━━━━━━━━━━━━━━━••━━►◆

🏠 Name :

....

🌐 Website-Adresse :

....

👤 Nutzername :

....

🔒 Passwort :

....

💬 Anmerkungen :

....

....

◆◄◄••━━━━━━━━━━━━━━━━━►►○◄◄━━━━━━━━━━━━━━━━━━••►►◆

🏠 Name :

....

🌐 Website-Adresse :

....

👤 Nutzername :

....

🔒 Passwort :

....

💬 Anmerkungen :

....

....

🏠 Name :

🌐 Website-Adresse :

👤 Nutzername :

🔒 Passwort :

💬 Anmerkungen :

🏠 Name :

🌐 Website-Adresse :

👤 Nutzername :

🔒 Passwort :

💬 Anmerkungen :

🏠 Name :

🌐 Website-Adresse :

👤 Nutzername :

🔒 Passwort :

💬 Anmerkungen :

🏠 Name :

....

🌐 Website-Adresse :

....

👤 Nutzername :

....

🔒 Passwort :

....

💬 Anmerkungen :

....

....

✦⊰⊶•●•⊶⟶⟶⟩◯⟨⟨⊷•●•⊷⊱✦

🏠 Name :

....

🌐 Website-Adresse :

....

👤 Nutzername :

....

🔒 Passwort :

....

💬 Anmerkungen :

....

....

✦⊰⊶•●•⊶⟶⟶⟩◯⟨⟨⊷•●•⊷⊱✦

🏠 Name :

....

🌐 Website-Adresse :

....

👤 Nutzername :

....

🔒 Passwort :

....

💬 Anmerkungen :

....

....

🏠 Name :
....

🌐 Website-Adresse :
....

👤 Nutzername :
....

🔒 Passwort :
....

💬 Anmerkungen :
....

....

🏠 Name :
....

🌐 Website-Adresse :
....

👤 Nutzername :
....

🔒 Passwort :
....

💬 Anmerkungen :
....

....

🏠 Name :
....

🌐 Website-Adresse :
....

👤 Nutzername :
....

🔒 Passwort :
....

💬 Anmerkungen :
....

....

🏠 Name : ....

🌐 Website-Adresse : ....

👤 Nutzername : ....

🔒 Passwort : ....

💬 Anmerkungen : ....

....

━━━━━━◆━━━━━━━━━━━━━━━━◆━━━━━━

🏠 Name : ....

🌐 Website-Adresse : ....

👤 Nutzername : ....

🔒 Passwort : ....

💬 Anmerkungen : ....

....

━━━━━━◆━━━━━━━━━━━━━━━━◆━━━━━━

🏠 Name : ....

🌐 Website-Adresse : ....

👤 Nutzername : ....

🔒 Passwort : ....

💬 Anmerkungen : ....

....

🏠 Name :
....

🌐 Website-Adresse :
....

👤 Nutzername :
....

🔒 Passwort :
....

💬 Anmerkungen :
....

....

───────────────✦✦✧✦✦───────────────

🏠 Name :
....

🌐 Website-Adresse :
....

👤 Nutzername :
....

🔒 Passwort :
....

💬 Anmerkungen :
....

....

───────────────✦✦✧✦✦───────────────

🏠 Name :
....

🌐 Website-Adresse :
....

👤 Nutzername :
....

🔒 Passwort :
....

💬 Anmerkungen :
....

....

🏠 Name :

🌐 Website-Adresse :

👤 Nutzername :

🔒 Passwort :

💬 Anmerkungen :

🏠 Name :

🌐 Website-Adresse :

👤 Nutzername :

🔒 Passwort :

💬 Anmerkungen :

🏠 Name :

🌐 Website-Adresse :

👤 Nutzername :

🔒 Passwort :

💬 Anmerkungen :

🏠 Name :

....

🌐 Website-Adresse :

....

👤 Nutzername :

....

🔒 Passwort :

....

💬 Anmerkungen :

....

....

🏠 Name :

....

🌐 Website-Adresse :

....

👤 Nutzername :

....

🔒 Passwort :

....

💬 Anmerkungen :

....

🏠 Name :

....

🌐 Website-Adresse :

....

👤 Nutzername :

....

🔒 Passwort :

....

💬 Anmerkungen :

....

....

🏠 Name :

🌐 Website-Adresse :

👤 Nutzername :

🔒 Passwort :

💬 Anmerkungen :

🏠 Name :

🌐 Website-Adresse :

👤 Nutzername :

🔒 Passwort :

💬 Anmerkungen :

🏠 Name :

🌐 Website-Adresse :

👤 Nutzername :

🔒 Passwort :

💬 Anmerkungen :

🏠 Name :
....

🌐 Website-Adresse :
....

👤 Nutzername :
....

🔒 Passwort :
....

💬 Anmerkungen :
....

———————————————◆◆◆———————————————

🏠 Name :
....

🌐 Website-Adresse :
....

👤 Nutzername :
....

🔒 Passwort :
....

💬 Anmerkungen :
....

———————————————◆◆◆———————————————

🏠 Name :
....

🌐 Website-Adresse :
....

👤 Nutzername :
....

🔒 Passwort :
....

💬 Anmerkungen :
....

....

🏠 Name : ....

🌐 Website-Adresse : ....

👤 Nutzername : ....

🔒 Passwort : ....

💬 Anmerkungen : ....

....

⬥✦━••━━━━━━➤➤)(⟵⟵━━━━━━••━✦⬥

🏠 Name : ....

🌐 Website-Adresse : ....

👤 Nutzername : ....

🔒 Passwort : ....

💬 Anmerkungen : ....

....

⬥✦━••━━━━━━➤➤)(⟵⟵━━━━━━••━✦⬥

🏠 Name : ....

🌐 Website-Adresse : ....

👤 Nutzername : ....

🔒 Passwort : ....

💬 Anmerkungen : ....

....

🏠 Name :
....

🌐 Website-Adresse :
....

👤 Nutzername :
....

🔒 Passwort :
....

💬 Anmerkungen :
....

....

✦◄◄•·•——————————→→◯←←——————————•·•►►✦

🏠 Name :
....

🌐 Website-Adresse :
....

👤 Nutzername :
....

🔒 Passwort :
....

💬 Anmerkungen :
....

....

✦◄◄•·•——————————→→◯←←——————————•·•►►✦

🏠 Name :
....

🌐 Website-Adresse :
....

👤 Nutzername :
....

🔒 Passwort :
....

💬 Anmerkungen :
....

....

🏠 Name :

....

🌐 Website-Adresse :

....

👤 Nutzername :

....

🔒 Passwort :

....

💬 Anmerkungen :

....

....

❰❰❰━━━━━━━━━━━━❱❰❰━━━━━━━━━━━━❱❱❱

🏠 Name :

....

🌐 Website-Adresse :

....

👤 Nutzername :

....

🔒 Passwort :

....

💬 Anmerkungen :

....

....

❰❰❰━━━━━━━━━━━━❱❰❰━━━━━━━━━━━━❱❱❱

🏠 Name :

....

🌐 Website-Adresse :

....

👤 Nutzername :

....

🔒 Passwort :

....

💬 Anmerkungen :

....

....

🏠 Name :

🌐 Website-Adresse :

👤 Nutzername :

🔒 Passwort :

💬 Anmerkungen :

🏠 Name :

🌐 Website-Adresse :

👤 Nutzername :

🔒 Passwort :

💬 Anmerkungen :

🏠 Name :

🌐 Website-Adresse :

👤 Nutzername :

🔒 Passwort :

💬 Anmerkungen :

🏠 Name :

🌐 Website-Adresse :

👤 Nutzername :

🔒 Passwort :

💬 Anmerkungen :

🏠 Name :

🌐 Website-Adresse :

👤 Nutzername :

🔒 Passwort :

💬 Anmerkungen :

🏠 Name :

🌐 Website-Adresse :

👤 Nutzername :

🔒 Passwort :

💬 Anmerkungen :

🏠 Name :
....

🌐 Website-Adresse :
....

👤 Nutzername :
....

🔒 Passwort :
....

💬 Anmerkungen :
....

....

◆━◦•━━━━━━━━━━━━━━━━━━━━━━━━━◦•━◆

🏠 Name :
....

🌐 Website-Adresse :
....

👤 Nutzername :
....

🔒 Passwort :
....

💬 Anmerkungen :
....

....

◆━◦•━━━━━━━━━━━━━━━━━━━━━━━━━◦•━◆

🏠 Name :
....

🌐 Website-Adresse :
....

👤 Nutzername :
....

🔒 Passwort :
....

💬 Anmerkungen :
....

....

🏠 Name :

....

🌐 Website-Adresse :

....

👤 Nutzername :

....

🔒 Passwort :

....

💬 Anmerkungen :

....

....

———————◆◀◀••——————➤✕◀◀————————••▶▶◆———————

🏠 Name :

....

🌐 Website-Adresse :

....

👤 Nutzername :

....

🔒 Passwort :

....

💬 Anmerkungen :

....

....

———————◆◀◀••——————➤✕◀◀————————••▶▶◆———————

🏠 Name :

....

🌐 Website-Adresse :

....

👤 Nutzername :

....

🔒 Passwort :

....

💬 Anmerkungen :

....

....

🏠 Name : ....

🌐 Website-Adresse : ....

👤 Nutzername : ....

🔒 Passwort : ....

💬 Anmerkungen : ....

....

◆◀◀●●━━━━━━━━━━━━━━→→◯←←━━━━━━━━━━━●━●▶▶◆

🏠 Name : ....

🌐 Website-Adresse : ....

👤 Nutzername : ....

🔒 Passwort : ....

💬 Anmerkungen : ....

....

◆◀◀●●━━━━━━━━━━━━━━→→◯←←━━━━━━━━━━━●━●▶▶◆

🏠 Name : ....

🌐 Website-Adresse : ....

👤 Nutzername : ....

🔒 Passwort : ....

💬 Anmerkungen : ....

....

🏠 Name :
....

🌐 Website-Adresse :
....

👤 Nutzername :
....

🔒 Passwort :
....

💬 Anmerkungen :
....

....

━━━━━◆◄◄••━━━━━━━━━━►►✕◄◄━━━━━━━━━━••►►◆━━━━━

🏠 Name :
....

🌐 Website-Adresse :
....

👤 Nutzername :
....

🔒 Passwort :
....

💬 Anmerkungen :
....

....

━━━━━◆◄◄••━━━━━━━━━━►►✕◄◄━━━━━━━━━━••►►◆━━━━━

🏠 Name :
....

🌐 Website-Adresse :
....

👤 Nutzername :
....

🔒 Passwort :
....

💬 Anmerkungen :
....

....

🏠 Name :
....

🌐 Website-Adresse :
....

👤 Nutzername :
....

🔒 Passwort :
....

💬 Anmerkungen :
....
....

⟡⟡⟡⟡⟡⟡⟡⟡⟡⟡⟡⟡⟡⟡⟡⟡⟡⟡⟡⟡⟡⟡⟡⟡⟡⟡⟡⟡

🏠 Name :
....

🌐 Website-Adresse :
....

👤 Nutzername :
....

🔒 Passwort :
....

💬 Anmerkungen :
....
....

⟡⟡⟡⟡⟡⟡⟡⟡⟡⟡⟡⟡⟡⟡⟡⟡⟡⟡⟡⟡⟡⟡⟡⟡⟡⟡⟡⟡

🏠 Name :
....

🌐 Website-Adresse :
....

👤 Nutzername :
....

🔒 Passwort :
....

💬 Anmerkungen :
....
....

🏠 Name :

⚪ Website-Adresse :

👤 Nutzername :

🔒 Passwort :

💬 Anmerkungen :

🏠 Name :

⚪ Website-Adresse :

👤 Nutzername :

🔒 Passwort :

💬 Anmerkungen :

🏠 Name :

⚪ Website-Adresse :

👤 Nutzername :

🔒 Passwort :

💬 Anmerkungen :

🏠 Name :
....

🌐 Website-Adresse :
....

👤 Nutzername :
....

🔒 Passwort :
....

💬 Anmerkungen :
....

🏠 Name :
....

🌐 Website-Adresse :
....

👤 Nutzername :
....

🔒 Passwort :
....

💬 Anmerkungen :
....

🏠 Name :
....

🌐 Website-Adresse :
....

👤 Nutzername :
....

🔒 Passwort :
....

💬 Anmerkungen :
....

....

🏠 Name :

....

🌐 Website-Adresse :

....

👤 Nutzername :

....

🔒 Passwort :

....

💬 Anmerkungen :

....

....

━━━━━◆◄◄●●━━━━━━━➤➤◯◄◄━━━━━━━●●►►◆━━━━━

🏠 Name :

....

🌐 Website-Adresse :

....

👤 Nutzername :

....

🔒 Passwort :

....

💬 Anmerkungen :

....

....

━━━━━◆◄◄●●━━━━━━━➤➤◯◄◄━━━━━━━●●►►◆━━━━━

🏠 Name :

....

🌐 Website-Adresse :

....

👤 Nutzername :

....

🔒 Passwort :

....

💬 Anmerkungen :

....

....

🏠 Name :

....

🌐 Website-Adresse :

....

👤 Nutzername :

....

🔒 Passwort :

....

💬 Anmerkungen :

....

....

━━━━━━━━━━━━━━━━━━━━━━━━━━━━━━━━━━━━━━

🏠 Name :

....

🌐 Website-Adresse :

....

👤 Nutzername :

....

🔒 Passwort :

....

💬 Anmerkungen :

....

━━━━━━━━━━━━━━━━━━━━━━━━━━━━━━━━━━━━━━

🏠 Name :

....

🌐 Website-Adresse :

....

👤 Nutzername :

....

🔒 Passwort :

....

💬 Anmerkungen :

....

....

🏠 Name :
....

🌐 Website-Adresse :
....

👤 Nutzername :
....

🔒 Passwort :
....

💬 Anmerkungen :
....

....

❖━━━━━━━━━━━━━━━━━━❖❖❖━━━━━━━━━━━━━━━━━━❖

🏠 Name :
....

🌐 Website-Adresse :
....

👤 Nutzername :
....

🔒 Passwort :
....

💬 Anmerkungen :
....

....

❖━━━━━━━━━━━━━━━━━━❖❖❖━━━━━━━━━━━━━━━━━━❖

🏠 Name :
....

🌐 Website-Adresse :
....

👤 Nutzername :
....

🔒 Passwort :
....

💬 Anmerkungen :
....

....

🏠 Name :
....

🌐 Website-Adresse :
....

👤 Nutzername :
....

🔒 Passwort :
....

💬 Anmerkungen :
....

....

◆—‹‹•━●———————»›✕‹‹———————●•━›‹◆

🏠 Name :
....

🌐 Website-Adresse :
....

👤 Nutzername :
....

🔒 Passwort :
....

💬 Anmerkungen :
....

....

◆—‹‹•━●———————»›✕‹‹———————●•━›‹◆

🏠 Name :
....

🌐 Website-Adresse :
....

👤 Nutzername :
....

🔒 Passwort :
....

💬 Anmerkungen :
....

....

🏠 Name :

🌐 Website-Adresse :

👤 Nutzername :

🔒 Passwort :

💬 Anmerkungen :

🏠 Name :

🌐 Website-Adresse :

👤 Nutzername :

🔒 Passwort :

💬 Anmerkungen :

🏠 Name :

🌐 Website-Adresse :

👤 Nutzername :

🔒 Passwort :

💬 Anmerkungen :

🏠 Name :
....

🌐 Website-Adresse :
....

👤 Nutzername :
....

🔒 Passwort :
....

💬 Anmerkungen :
....
....

🏠 Name :
....

🌐 Website-Adresse :
....

👤 Nutzername :
....

🔒 Passwort :
....

💬 Anmerkungen :
....
....

🏠 Name :
....

🌐 Website-Adresse :
....

👤 Nutzername :
....

🔒 Passwort :
....

💬 Anmerkungen :
....
....

🏠 Name :
....

🌐 Website-Adresse :
....

👤 Nutzername :
....

🔒 Passwort :
....

💬 Anmerkungen :
....

....

◆━━◀◀◀•••━━━━━━━━━━━━➤➤)(◖◄◄━━━━━━━━━━━━•••▶▶━━◆

🏠 Name :
....

🌐 Website-Adresse :
....

👤 Nutzername :
....

🔒 Passwort :
....

💬 Anmerkungen :
....

....

◆━━◀◀◀•••━━━━━━━━━━━━➤➤)(◖◄◄━━━━━━━━━━━━•••▶▶━━◆

🏠 Name :
....

🌐 Website-Adresse :
....

👤 Nutzername :
....

🔒 Passwort :
....

💬 Anmerkungen :
....

....

🏠 Name :

🌐 Website-Adresse :

👤 Nutzername :

🔒 Passwort :

💬 Anmerkungen :

🏠 Name :

🌐 Website-Adresse :

👤 Nutzername :

🔒 Passwort :

💬 Anmerkungen :

🏠 Name :

🌐 Website-Adresse :

👤 Nutzername :

🔒 Passwort :

💬 Anmerkungen :

🏠 Name :

....

🌐 Website-Adresse :

....

👤 Nutzername :

....

🔒 Passwort :

....

💬 Anmerkungen :

....

....

🏠 Name :

....

🌐 Website-Adresse :

....

👤 Nutzername :

....

🔒 Passwort :

....

💬 Anmerkungen :

....

....

🏠 Name :

....

🌐 Website-Adresse :

....

👤 Nutzername :

....

🔒 Passwort :

....

💬 Anmerkungen :

....

....

🏠 Name :

🌐 Website-Adresse :

👤 Nutzername :

🔒 Passwort :

💬 Anmerkungen :

🏠 Name :

🌐 Website-Adresse :

👤 Nutzername :

🔒 Passwort :

💬 Anmerkungen :

🏠 Name :

🌐 Website-Adresse :

👤 Nutzername :

🔒 Passwort :

💬 Anmerkungen :

🏠 Name :

....

🌐 Website-Adresse :

....

👤 Nutzername :

....

🔒 Passwort :

....

💬 Anmerkungen :

....

....

———————————✦✦✦———————————

🏠 Name :

....

🌐 Website-Adresse :

....

👤 Nutzername :

....

🔒 Passwort :

....

💬 Anmerkungen :

....

....

———————————✦✦✦———————————

🏠 Name :

....

🌐 Website-Adresse :

....

👤 Nutzername :

....

🔒 Passwort :

....

💬 Anmerkungen :

....

....

🏠 Name :
....

🌐 Website-Adresse :
....

👤 Nutzername :
....

🔒 Passwort :
....

💬 Anmerkungen :
....

....

🏠 Name :
....

🌐 Website-Adresse :
....

👤 Nutzername :
....

🔒 Passwort :
....

💬 Anmerkungen :
....

....

🏠 Name :
....

🌐 Website-Adresse :
....

👤 Nutzername :
....

🔒 Passwort :
....

💬 Anmerkungen :
....

....

🏠 Name :

....

🌐 Website-Adresse :

....

👤 Nutzername :

....

🔒 Passwort :

....

💬 Anmerkungen :

....

....

◄◄•••————————→→✕←←————————•••►►

🏠 Name :

....

🌐 Website-Adresse :

....

👤 Nutzername :

....

🔒 Passwort :

....

💬 Anmerkungen :

....

....

◄◄•••————————→→✕←←————————•••►►

🏠 Name :

....

🌐 Website-Adresse :

....

👤 Nutzername :

....

🔒 Passwort :

....

💬 Anmerkungen :

....

....

🏠 Name :
....

🌐 Website-Adresse :
....

👤 Nutzername :
....

🔒 Passwort :
....

💬 Anmerkungen :
....

....

🏠 Name :
....

🌐 Website-Adresse :
....

👤 Nutzername :
....

🔒 Passwort :
....

💬 Anmerkungen :
....

....

🏠 Name :
....

🌐 Website-Adresse :
....

👤 Nutzername :
....

🔒 Passwort :
....

💬 Anmerkungen :
....

....

🏠 Name :
....

🌐 Website-Adresse :
....

👤 Nutzername :
....

🔒 Passwort :
....

💬 Anmerkungen :
....

....

🏠 Name :
....

🌐 Website-Adresse :
....

👤 Nutzername :
....

🔒 Passwort :
....

💬 Anmerkungen :
....

....

🏠 Name :
....

🌐 Website-Adresse :
....

👤 Nutzername :
....

🔒 Passwort :
....

💬 Anmerkungen :
....

....

🏠 Name :
....

🌐 Website-Adresse :
....

👤 Nutzername :
....

🔒 Passwort :
....

💬 Anmerkungen :
....

....

❖━━━━━━━━━━━━━━━━━━━━❖

🏠 Name :
....

🌐 Website-Adresse :
....

👤 Nutzername :
....

🔒 Passwort :
....

💬 Anmerkungen :
....

❖━━━━━━━━━━━━━━━━━━━━❖

🏠 Name :
....

🌐 Website-Adresse :
....

👤 Nutzername :
....

🔒 Passwort :
....

💬 Anmerkungen :
....

....

🏠 Name :

....

🌐 Website-Adresse :

....

👤 Nutzername :

....

🔒 Passwort :

....

💬 Anmerkungen :

....

....

◆◄◄•••━━━━━━━━━━━━━━━━⧓⧓⧓⧓━━━━━━━━━━━━━━━━•••►►◆

🏠 Name :

....

🌐 Website-Adresse :

....

👤 Nutzername :

....

🔒 Passwort :

....

💬 Anmerkungen :

....

....

◆◄◄•••━━━━━━━━━━━━━━━━⧓⧓⧓⧓━━━━━━━━━━━━━━━━•••►►◆

🏠 Name :

....

🌐 Website-Adresse :

....

👤 Nutzername :

....

🔒 Passwort :

....

💬 Anmerkungen :

....

....

🏠 Name :

....

🌐 Website-Adresse :

....

👤 Nutzername :

....

🔒 Passwort :

....

💬 Anmerkungen :

....

....

◆◄◄•••━━━━━━━━━━━━━━━━━➤➤◯◄◄━━━━━━━━━━━━━•••◄◄◆

🏠 Name :

....

🌐 Website-Adresse :

....

👤 Nutzername :

....

🔒 Passwort :

....

💬 Anmerkungen :

....

....

◆◄◄•••━━━━━━━━━━━━━━━━━➤➤◯◄◄━━━━━━━━━━━━━•••◄◄◆

🏠 Name :

....

🌐 Website-Adresse :

....

👤 Nutzername :

....

🔒 Passwort :

....

💬 Anmerkungen :

....

....

🏠 Name :

....

🌐 Website-Adresse :

....

👤 Nutzername :

....

🔒 Passwort :

....

💬 Anmerkungen :

....

....

◆━━━━━━━━━━━━━━━━━━━━━━━━━◇━━━━━━━━━━━━━━◆

🏠 Name :

....

🌐 Website-Adresse :

....

👤 Nutzername :

....

🔒 Passwort :

....

💬 Anmerkungen :

....

....

◆━━━━━━━━━━━━━━━━━━━━━━━━━◇━━━━━━━━━━━━━━◆

🏠 Name :

....

🌐 Website-Adresse :

....

👤 Nutzername :

....

🔒 Passwort :

....

💬 Anmerkungen :

....

....

🏠 Name :
....

🌐 Website-Adresse :
....

👤 Nutzername :
....

🔒 Passwort :
....

💬 Anmerkungen :
....

....

━━━━━━━━━━━━━━━━━━━━━━━━━━━━━━━━━━━━━━

🏠 Name :
....

🌐 Website-Adresse :
....

👤 Nutzername :
....

🔒 Passwort :
....

💬 Anmerkungen :
....

....

━━━━━━━━━━━━━━━━━━━━━━━━━━━━━━━━━━━━━━

🏠 Name :
....

🌐 Website-Adresse :
....

👤 Nutzername :
....

🔒 Passwort :
....

💬 Anmerkungen :
....

....

🏠 Name :
....

🌐 Website-Adresse :
....

👤 Nutzername :
....

🔒 Passwort :
....

💬 Anmerkungen :
....

....

◆━━◄◄━●━●━━━━━━━►►◯◄◄━━━━━━●━●━►►━◆

🏠 Name :
....

🌐 Website-Adresse :
....

👤 Nutzername :
....

🔒 Passwort :
....

💬 Anmerkungen :
....

....

◆━━◄◄━●━●━━━━━━━►►◯◄◄━━━━━━━━━●━●━►►━◆

🏠 Name :
....

🌐 Website-Adresse :
....

👤 Nutzername :
....

🔒 Passwort :
....

💬 Anmerkungen :
....

....

🏠 Name :
....

🌐 Website-Adresse :
....

👤 Nutzername :
....

🔒 Passwort :
....

💬 Anmerkungen :
....

....

❖———————————————————❖

🏠 Name :
....

🌐 Website-Adresse :
....

👤 Nutzername :
....

🔒 Passwort :
....

💬 Anmerkungen :
....

....

❖———————————————————❖

🏠 Name :
....

🌐 Website-Adresse :
....

👤 Nutzername :
....

🔒 Passwort :
....

💬 Anmerkungen :
....

....

🏠 Name :

....

🌐 Website-Adresse :

....

👤 Nutzername :

....

🔒 Passwort :

....

💬 Anmerkungen :

....

....

◆━━●●━━━━━━━━━━━➤⟩〇〈⟨━━━━━━━━━━●●━━◆

🏠 Name :

....

🌐 Website-Adresse :

....

👤 Nutzername :

....

🔒 Passwort :

....

💬 Anmerkungen :

....

....

◆━━●●━━━━━━━━━━━➤⟩〇〈⟨━━━━━━━━━━●●━━◆

🏠 Name :

....

🌐 Website-Adresse :

....

👤 Nutzername :

....

🔒 Passwort :

....

💬 Anmerkungen :

....

....

🏠 Name :
....

🌐 Website-Adresse :
....

👤 Nutzername :
....

🔒 Passwort :
....

💬 Anmerkungen :
....

....

◆◄◄•••————————————→→)(←←————————•••►►◆

🏠 Name :
....

🌐 Website-Adresse :
....

👤 Nutzername :
....

🔒 Passwort :
....

💬 Anmerkungen :
....

....

◆◄◄•••————————————→→)(←←————————•••►►◆

🏠 Name :
....

🌐 Website-Adresse :
....

👤 Nutzername :
....

🔒 Passwort :
....

💬 Anmerkungen :
....

....

Name :

Website-Adresse :

Nutzername :

Passwort :

Anmerkungen :

Name :

Website-Adresse :

Nutzername :

Passwort :

Anmerkungen :

Name :

Website-Adresse :

Nutzername :

Passwort :

Anmerkungen :

🏠 Name :
....

🌐 Website-Adresse :
....

👤 Nutzername :
....

🔒 Passwort :
....

💬 Anmerkungen :
....

....

◄◄••►►〇◄◄ ━━━━━━━━━━━━━━ ••►►

🏠 Name :
....

🌐 Website-Adresse :
....

👤 Nutzername :
....

🔒 Passwort :
....

💬 Anmerkungen :
....

....

◄◄••►►〇◄◄ ━━━━━━━━━━━━━━ ••►►

🏠 Name :
....

🌐 Website-Adresse :
....

👤 Nutzername :
....

🔒 Passwort :
....

💬 Anmerkungen :
....

....

🏠 Name :
....

🌐 Website-Adresse :
....

👤 Nutzername :
....

🔒 Passwort :
....

💬 Anmerkungen :
....

....

◆◆◀◀•••————————————≫◯≪————————————•••▶▶◆◆

🏠 Name :
....

🌐 Website-Adresse :
....

👤 Nutzername :
....

🔒 Passwort :
....

💬 Anmerkungen :
....

◆◀◀•••————————————≫◯≪————————————•••▶▶◆

🏠 Name :
....

🌐 Website-Adresse :
....

👤 Nutzername :
....

🔒 Passwort :
....

💬 Anmerkungen :
....

....

🏠 Name :
....

🌐 Website-Adresse :
....

👤 Nutzername :
....

🔒 Passwort :
....

💬 Anmerkungen :
....

....

━━━━━━━━━━━━━━━━━━━━━━━━━━━━━━━

🏠 Name :
....

🌐 Website-Adresse :
....

👤 Nutzername :
....

🔒 Passwort :
....

💬 Anmerkungen :
....

....

━━━━━━━━━━━━━━━━━━━━━━━━━━━━━━━

🏠 Name :
....

🌐 Website-Adresse :
....

👤 Nutzername :
....

🔒 Passwort :
....

💬 Anmerkungen :
....

....

🏠 Name :

....

🌐 Website-Adresse :

....

👤 Nutzername :

....

🔒 Passwort :

....

💬 Anmerkungen :

....

....

🏠 Name :

....

🌐 Website-Adresse :

....

👤 Nutzername :

....

🔒 Passwort :

....

💬 Anmerkungen :

....

....

🏠 Name :

....

🌐 Website-Adresse :

....

👤 Nutzername :

....

🔒 Passwort :

....

💬 Anmerkungen :

....

....

🏠 Name : ....

🌐 Website-Adresse : ....

👤 Nutzername : ....

🔒 Passwort : ....

💬 Anmerkungen : ....

....

━━━◆◄◄•••━━━━━━━━━━━⇒⟩○⟨⇐━━━━━━━━━━━•••►►◆━━━

🏠 Name : ....

🌐 Website-Adresse : ....

👤 Nutzername : ....

🔒 Passwort : ....

💬 Anmerkungen : ....

....

━━━◆◄◄•••━━━━━━━━━━━⇒⟩○⟨⇐━━━━━━━━━━━•••►►◆━━━

🏠 Name : ....

🌐 Website-Adresse : ....

👤 Nutzername : ....

🔒 Passwort : ....

💬 Anmerkungen : ....

....

🏠 Name :

....

🌐 Website-Adresse :

....

👤 Nutzername :

....

🔒 Passwort :

....

💬 Anmerkungen :

....

....

◆——•• ⇒)(⇐ ••——◆

🏠 Name :

....

🌐 Website-Adresse :

....

👤 Nutzername :

....

🔒 Passwort :

....

💬 Anmerkungen :

....

....

◆——•• ⇒)(⇐ ••——◆

🏠 Name :

....

🌐 Website-Adresse :

....

👤 Nutzername :

....

🔒 Passwort :

....

💬 Anmerkungen :

....

....

www.ingramcontent.com/pod-product-compliance
Lightning Source LLC
LaVergne TN
LVHW051713050326
832903LV00032B/4173